Norbert Nitsche

Ein Vater lebt. Weiter.

Wie ein betroffener Vater den plötzlichen Kindstod
seiner Tochter erlebt.

Und überlebte.

Autor: Dr. Norbert Nitsche | Im Krautgarten 4/6 | D-88471 Laupheim
Coverdesign: © http://osiander.bookmundo.de
Lektorat: Maria Dick
ISBN: 9789463421799

Ein Buch für betroffene Eltern und Angehörige,
für Mitarbeiterinnen und Mitarbeiter
der Kriseninterventionsdienste,
Helfer in der Akutbegleitung
und für Selbsthilfegruppen
trauernder Eltern.

Inhalt

Vorwort

Mit schwerem Herzen ist dieses Buch entstanden.

Man kann es sich kaum vorstellen, wie der Tod eines Kindes durch den plötzlichen Kindstod ein ganzes Leben beeinflussen kann.

Nun sind schon 30 Jahre vergangen und immer noch stehe ich an Weihnachten oder an Geburtstagen mit klopfendem Herzen am Grab meiner Tochter.

Um die für mich als Vater damals immer wieder existenziell bedrohliche Situation besser nachzuvollziehen, habe ich versucht, die Zeit minutiös zu schildern, um eine Vorstellung davon zu bekommen, wie atemlos schnell das Unbegreifliche von Statten ging.

Und um das Unbegreifliche mit Hilfe von Worten begreifbarer zu machen.

Meine Seele konnte dem Schmerz lange Jahre nicht hinterherkommen und es hat Jahre gebraucht, die Risse in meinem Herzen wieder einigermaßen zu flicken.

Schmale Risse sind bis heute übriggeblieben, die mich jedoch stärker und bewusster mein Leben im Jetzt genießen und leben lassen.

Donnerstag, kurz vor 7:00 Uhr

Meine Frau döst morgens noch etwas vor sich hin.

Bevor ich um sieben Uhr das Frühstück vorbereite, will ich noch einen kurzen Blick zu unserem sechs Monate alten Töchterchen Hannah werfen.

Wir sind ein glücklicher „Mädelhaushalt".

Meine Frau, unsere drei Töchter und ich.

Hannah ist unser drittes Kind.

Schließlich ist es schon kurz vor sieben Uhr und so prima durchgeschlafen hat Hannah eigentlich selten.

Ich freue mich darauf, dass die Nächte langsam wieder besser werden.

Donnerstag, 7:00 Uhr

Ich schiebe leise die Tür von Hannahs Zimmer auf.

Wo ist sie?

Nur ihr Schaffell ist zu sehen.

Die Zudecke liegt im unteren Drittel des Bettes.

Donnerstag, 7:01 Uhr

Ich hebe die leichte Zudecke zur Seite.

Da liegt sie.

Blau.

Bewegungslos.

Nassgeschwitzt.

Ich rufe nach meiner Frau, die sofort angerannt kommt.

Als gelernte Krankenschwester erfasst sie sofort die Situation.

„Ruf den Notarzt!“ schreit sie und beginnt professionell mit der Wiederbeatmung

Donnerstag, 7:02 Uhr

Ich renne zum Telefon und wähle mit zittrigen Fingern die Notfallnummer.

„Bitte kommen Sie schnell! Unserem Baby ist etwas Schreckliches passiert, “ brülle ich in den Hörer, gebe Straße, Hausnummer und Alter von Hannah durch und versuche stammend zu schildern, wie ich sie gefunden habe.

Die Notfallnummer gibt mit ruhiger Stimme Anweisungen: Beatmung und Herzmassage.

Bis der Notarzt bei uns ist.

Donnerstag, 7:03 Uhr

Meine Frau hat mit der Wiederbelebung begonnen.

Ich renne an das Fenster, auf den Balkon.

Der Rettungswagen kann noch nicht da sein.

Donnerstag, 7:05 Uhr

Es läutet.

Zwei Polizisten haben den Notruf über den Polizeifunk gehört.

Es sind zwei ältere Familienväter in Uniform.

Auch sie stehen nur hilflos da.

Ein Polizist geht vor die Tür, um dem Notarzt schnell den Weg zu zeigen.

Donnerstag, 7:10 Uhr

Die Rettungssanitäter kommen gleichzeitig mit dem Notarzt.

Sie rennen mit ihren Notfallkoffern an mir vorbei und beginnen sofort, sich professionelle Anweisungen gebend, mit der Reanimation.

Donnerstag, 7:11 Uhr

Als auch wir hineinwollen, wird die Tür geschlossen.

Wir warten unendliche Zeit mit den Polizisten im Wohnzimmer.

„Sie ist tot. Ich spüre es, Hannah ist bestimmt tot, “ wimmert meine Frau.

Die beiden Polizisten, die uns hilfsbereit trösten wollen, stehen am Fenster.

Sie sind spürbar unsicher, wie sie mit der Situation umgehen sollen.

Donnerstag, 7:25 Uhr

Ein Rettungssanitäter geht in unser Bad, will etwas aus dem Notarztkoffer abwaschen.

Der Notarzt kommt zu uns ins Wohnzimmer, setzt sich zu uns und sagt mit fester Stimme:

„Ihre Tochter ist tot. Es tut mir leid."

Ich versuche wie gelähmt, meine Frau in den Arm zu nehmen.

Donnerstag, 7:35 Uhr

Die Rettungssanitäter gehen.

Der Notarzt benachrichtigt die die Kriminalpolizei.

Die beiden Polizisten bitten uns, das Kinderzimmer nicht zu betreten, bis die Kriminalpolizei kommt.

Dann bleiben Sie in der Nähe der Tür stehen.

Donnerstag, 7:40 Uhr

Ich rufe meine Mutter an und bitte sie schnell zu kommen.

Unsere beiden Töchter, sieben und neun Jahre alt, sind in der Zwischenzeit auch wach.

Sie stehen unsicher an Ihrer Zimmertür in ihren Nachthemden und schauen ängstlich und zugleich respektvoll die beiden Polizisten in Ihrer Uniform an.

Donnerstag, 8:00 Uhr

Meine Mutter ist da.

Verstrubelt und ungewaschen ist sie mit dem Taxi gekommen.

Das wartende Taxi bringt unsere beiden Töchter zu ihrer Tante Maria und zu Onkel Rolf.

Meine Frau und ich habe es nicht mitbekommen.

Donnerstag, 8:05 Uhr

Ich rufe unseren Pfarrer an.

Dieser ist in einer Besprechung, kommt aber gleich.

Unsicher steht er plötzlich vor der Haustür.

Ich sage: „Sie müssen ein Gebet sprechen."

Er legt seine Hände auf das kleine Köpfchen von Hannah und spricht ein Gebet.

Die Hilflosigkeit und Machtlosigkeit spricht aus seinem Gesicht.

Donnerstag, 8:30 Uhr

Zwei ernste, aber sehr freundliche Kriminalpolizisten sind in Hannahs Zimmer.

Sie machen unselige Fotografien.

Immer wieder blitzt es auf.

Sie messen mit einem Thermometer ihre abfallende Körpertemperatur.

Vorsichtig befragen sie uns, telefonieren mit dem Notarzt in der Klinik.

Schließlich sagen sie, wir können einen Bestatter anrufen.

Donnerstag, 9:30 Uhr

Wir kennen zufällig die Tochter des Bestattungs-unternehmers.

Sie hat mit meiner Frau fast zur gleichen Zeit in der Frauenklinik entbunden.

Sie bringen einen winzig kleinen Sarg.

Wir können nicht zuschauen und stehen am Fenster und weinen.

Donnerstag, 10:00 Uhr

Später erzählt mir meine Mutter, sie hätten Hannahs Körper nackt in den Sarg gelegt.

Ohne Zudecke und ohne Kissen.

Nur eine Plastikfolie darüber und darunter.

Bevor sie das Särglein geschlossenen hatten, legte meine Mutter noch schnell eine weiche Decke auf Hannah.

Wir Eltern stehen wie gelähmt da und können den Bestattern beim Wegtragen des Sarges nicht hinterherschauen.

Donnerstag, 10:05 Uhr

Es ist plötzlich alles so furchtbar still.

Donnerstag, 10:10 Uhr

Unsere beiden Mütter sind in der Zwischenzeit da und kochen Kaffee.

Mein Vater ist auch da.

Wir sitzen nur schweigend um den Tisch herum.

Donnerstag, 11:00 Uhr

Der Bestattungsunternehmer kommt mit einem Katalog.

Behutsam sucht er Decken, Kopfkissen, Blumenschmuck und die Todesanzeige für uns aus.

Es gibt keine große Diskussion über die Bestattungsmodalitäten.

Wir sind mit allem einverstanden und bekommen es nur wie durch einen Nebelschleier mit.

Donnerstag, 15:00 Uhr

Meine Frau muss dringend zum Frauenarzt.

Immer wieder schießt Milch in die Brust ein.

Hannah ist noch nicht abgestillt.

Der Frauenarzt gibt ihr Tabletten und fragt sie, ob sie gleich die Pille verschrieben haben möchte.

Diese Frage zu diesem Zeitpunkt von einem Arzt finde ich empörend.

Donnerstag, 16:00 Uhr

Auf dem Friedhof.

Sollen wir ein Familiengrab neben?

Oder ein Einzelgrab?

Ein Friedhofsangestellter führt uns durch die Reihen.

In der Abteilung der Kindergräber finden wir einen Platz, der uns zusagt. Zusagt?

Wie entscheiden uns, einen Platz in der Kindergrababteilung zu nehmen

Donnerstag, 17:00 Uhr

Wir gehen in eine Gaststätte.

Den ganzen Tag haben wir noch nichts gegessen.

Ohne Hunger sitze ich vor meinem Teller.

Merken denn die anderen Gäste im Lokal nicht, was bei uns passiert ist?

Können sie es uns nicht ansehen?

Ich schaue mich um, kann aber keinerlei besonderen Reaktion erkennen.

Donnerstagnacht

Bis heute kann ich mich nicht daran erinnern, wie, wann und ob wir überhaupt in dieser ersten Nacht ohne Hannah schlafen konnten.

Freitag, 6:00 Uhr

Heute sind wir früh aufgewacht.

Wir können es noch weniger fassen, was passiert ist.

Überall in der Wohnung finden wir Gegenstände von Hannah. Im Bad ihre kleine Badewanne und ihre Wasserspielente. Im Wohnzimmer ihre Kuscheltiere.

In der Küche ihre Breifläschchen und den Milchwärmer.

Nur ihre Kinderzimmertür haben wir zugezogen.

Freitag, 10:00 Uhr

Der Bestatter ruft an.

Ich sagte ihm gestern, wir hätten Kleider für Hannah und möchten sie selbst anziehen.

Wir verabreden uns für 11 Uhr.

Freitag, 10:05 Uhr

Was sollen wir unserem toten Kind anziehen?

Meine Frau rennt in das verlassene Kinderzimmer, öffnet Schränke und Truhen.

Sucht etwas und findet zu viel.

Legt alles wieder weg und sucht erneut.

Ich suche es selbst heraus und merke, wie mein Herz vor Angst pocht.

Freitag, 10:30 Uhr

Meiner Frau schafft es nicht, mich zu begleiten.

Sie bleibt weinend daheim.

Ich hole meinen Vater ab, der mit mir geht.

Freitag, 11:00 Uhr

Beim Bestatter steht ein kleiner weißer, geöffneter Sarg auf zwei zusammengeschobenen Holzböcken.

Hannah liegt wie schlafend darin.

Die zwei Bestattungshelfer gehen vor die Tür.

Freitag, 11:02 Uhr

Mein Vater, Hannah und ich sind plötzlich allein im Vorbereitungsraum des Bestattungsunternehmens.

Freitag, 11:05 Uhr

Wir ziehen Hannah -ich weiß wirklich nicht mehr warum- eine frische Windel an und ein wunderschönes geblümtes Kleid. Der kleine Körper mit den babyhaften Speckansätzen ist so unbeweglich.

Beim Heben des Oberkörpers fließt etwas Blut aus Nase und Ohren.

Ein kleines Goldkettchen, das Hannah vor einem halben Jahr zu ihrer Taufe von ihrer Taufpatin Rita bekommen hatte, legt mein Vater ihr vorsichtig um den Hals.

Als ob sie noch aufwachen könnte

Freitag, 11:20 Uhr

Ich frage mich, ob sie noch lebt.

Wir kämmen noch sorgfältig ihre feinen Haare und waschen ihr kleines Gesicht mit der Stupsnase.

Als sie so in ihrem Särgchen liegt, sehe ich, es gibt kein Zurück.

Freitag, 11:30 Uhr

Mein Vater legt ihr zärtlich einen Rosenkranz in die Hand.

Dann halten wir es beide nicht mehr aus und gehen hinaus.

An andere Begebenheiten dieses Tages kann ich mich nicht mehr erinnern.

Der Tag war so grausam.

Wochenende

Die Leere im Haus wird uns immer deutlicher.

Ich glaube, um mich zu schützen, fühle ich mich wie gelähmt.

In der Zeitung erscheint unsere Traueranzeige:

„Unser kleiner Sonnenschein hat uns verlassen.“

Viele Beileidskarten werden bei uns in den Briefkasten eingeworfen.

Wenige Freunde und Bekannte läuten.

Nur das Telefon läutet immer wieder.

Die Wörter werden automatisch wie ein Anrufbeantworter.

Unfassbares ist immer wieder zu wiederholen.

Der Kinderwagen steht noch vor der Tür.

In der Küche die Trinkflaschen, die Babydecke im Wohnzimmer und die Badewanne im Bad.

Wir halten es in der Wohnung nicht mehr aus und verreisen zur Schwester und zu dem Schwager meiner Frau nach Ingolstadt.

Aber auch hier ist der innere Druck kaum auszuhalten.

Immer wieder schaue ich beim Spazierengehen jedem Kinderwagen hinterher.

Jedem Kinderwagen, jedem Baby das weint oder schreit.

Überall suche ich meine kleine Tochter und kann sie doch nirgends finden.

Ich kann es nicht fassen.

Wie kann ich herumlaufen, mit Menschen sprechen und alle diese Menschen können es nicht erahnen, was uns für eine Katastrophe geschehen ist.

Ich fühle mich schrecklich einsam.

Die Beerdigung

Nur die Familie und die engsten Freunde sind von uns benachrichtigt.

Wir sitzen in der kleinen Kapelle am Hauptfriedhof.

Vor uns der kleine weiße Kindersarg, der unter dem Blumenschmuck fast verschwindet.

Der Pfarrer steht vorne und kann seine Worte nur schwer finden. Betroffen schweigt er immer wieder und wählt seine Worte unsicher: „Der Herr ist mein Hirte…“

Er spricht von Hannah, die jetzt bei den Engeln ist.

Hoffentlich können es unsere beiden lebenden Kinder verstehen.

Nach der Totenandacht binden zwei Friedhofsarbeiter einen viel zu dicken Ledergürtel um den Kindersarg.

In Ihren schwarzen Anzügen wirken Sie unbeholfen.

Ich bin wütend:

Eigentlich will ich den Sarg selbst bis zur Grabstätte tragen.

Die Friedhofsverwaltung hat es mir unter Verweis auf die Friedhofsordnung untersagt.

Ein unangebrachter Bürokratismus.

Der Sarg wird nach dem kurzen Weg von der Kapelle bis zu dem offenen Grab in der Erde versenkt.

Etwas Erde wird von uns auf die Graböffnung geworfen und dann verlassen wir das noch offene Grab.

Wir halten den Schmerz nicht mehr aus

Ich ahne es schon jetzt:

Die harte Zeit für uns wird noch kommen.

Wenn der erste lähmende Schmerz vorbei ist und die gähnende Leere sich im Herzen breitmachen wird.

Später

Die nächsten Tage kommen immer wieder Trauerkarten.

Unsere Freunde besuchen uns und sprechen mit uns.

In der Familie sind wir sorgsam eingebettet.

Täglich gehen wir auf den Friedhof, um nach dem Grab zu schauen.

Um die Blumen zu gießen und hauptsächlich, um wenigstens überhaupt irgendetwas zu tun.

Eine Woche nach unserem schrecklichen Todesfall hatten wir schon vor Monaten eine Ferienwohnung in den oberitalienischen Bergen gebucht.

Dort sind wir nach kurzem Zögern dennoch hingefahren.

Hannahs Urlaubszimmer mit dem von der Vermieterin liebevoll hergerichteten Kinderbett lassen wir leer.

Besonders für unsere beiden anderen Kinder ist der zweiwöchige Abstand, den wird dadurch haben, wichtig.

Dennoch begleitet uns der Schmerz, die tragischen Bilder und die vielen traurigen Gedanken in den sonnigen Süden.

Später

Lange Zeit ist die Trauer unser steter Begleiter.

Große Ängste beim Aufwachen.

Schrecklich Szenen im Kopf.

Ist die Welt noch in Ordnung?

Das Lied „Morgen früh, wenn Gott will, wirst du wieder geweckt…“ geht mir immer wieder durch den Kopf.

Jeden Abend hatte ich es unbefangen und voller Gottvertrauen Hannah vorgesungen.

Gibt es wirklich einen Gott, der uns hält?

Noch nach vielen Monaten habe ich Angst vor jedem Donnerstagmorgen.

Um 7 Uhr ist mir regelmäßig übel und mein Herz rast.

Irgendwann wird der zeitliche Abstand größer.

Eine bekannte Windelfirma schickt uns in regelmäßigen Abständen Windeln zur Probe mit einem entsprechenden vorgedruckten Anschreiben: „Nun ist ihr Baby acht Monate alt. Herzlichen Glückwunsch!

Ab jetzt benötigt es eine andere Windel für sein Wohlbefinden und für seine gesunde Entwicklung!“

Ich schreibe auf die Werbung: „Unser Baby ist gestorben. Bitte keine Werbung mehr“

Und schicke sie unfrankiert zurück.

Doch das Computerzeitalter ist gnadenlos und registriert meine Nachricht erst Monate später.

Meine Frau geht wieder als Krankenschwester in die Klinik zum Arbeiten.

Ihre Nachtdienste sind für mich allein in der Wohnung kaum aushaltbar.

Ich stehe immer wieder auf dem Balkon und schaue von dort in Hannahs Zimmer und kann sie nirgends mehr finden.

Wir haben Hannahs Kinderzimmer bald ausgeräumt und ein Gästezimmer daraus gemacht.

Nur noch die rosa Tapete erinnert in dem Zimmer an sie.

Dennoch bleibt es weiterhin Hannahs Zimmer.

Wir nehmen gemeinsam die Hilfe einer psychologischen Beratungsstelle in Anspruch, da wir so unterschiedlich trauern.

Die Angst ist groß und berechtigt, dass unsere Familie an diesem Schicksalsschlag zerbrechen könnte.

Dennoch geben wir uns große Mühe, uns immer wieder einander zu verstehen und uns in die Gedanken, Gefühle und Handlungen des anderen hinein zu denken.

Von Ihrer ersten Lähmung abgesehen, der durch den großen Schock verursacht war, kann meine Frau stärker und offener ihre Gefühle erspüren, erkennen, loslassen und ausleben.

So beginnt sie sich nach einigen Monaten wieder seelisch zu stabilisieren, als bei mir die psychischen und physischen Probleme beginnen.

Ich flüchte mich in meine Arbeit und beginne mein berufliches Leben zu überorganisieren.

Während eines Vortrags vier Monate nach dem Tod von Hannah wird es mir schlecht und schwarz vor den Augen und ich werde ohnmächtig.

Ich muss mich nach Hause fahren lassen.

Eine gründliche ärztliche Untersuchung bei einem Internisten und einer durchgeführten Magenspiegelung bleibt ohne körperlichen Befund.

Ich suche allein das Gespräch bei einem Psychotherapeuten und kann mich nach vielen Sitzungen wieder besser finden und fangen.

Vierzehn Monate nach Hannahs Tod wird unser Sohn Julian geboren

Eigentlich will ich zu diesem -für mich zu frühen- Zeitpunkt nach Hannahs Tod noch kein weiteres Kind.

Die durchgestandene Angst, der tiefe Schmerz und die Angst vor einer möglichen Wiederholung des Säuglingstodes sitzen mir zu tief im Nacken.

Gott sei Dank haben sich im Nachhinein meine Frau und die Natur durchgesetzt.

Nach Angaben der Ärzte ist der plötzliche Kindstod ein Phänomen hauptsächlich des ersten Lebensjahres.

So beginnt nochmals ein schlimmes Jahr.

Ich habe große Angst, auch dieses Kind wieder zu verlieren.

Unser Baby wird beim Schlafen im Bett und auch im Kinderwagen an einen Atemmonitor angeschlossen.

Immer wenn es schläft.

Wenn unser kleiner Sohn flach im Schlaf atmet, beginnt der Monitor wie verrückt zu piepsen und ein Lichtsignal zu geben.

Wir rennen manche Nacht fünfmal an seine Wiege, welche wir im Schlafzimmer neben unserem Bett stehen haben.

Es ist immer ein Fehlalarm.

Nach acht Monaten hält meine Frau die psychische Belastung mit ihrem gesunden Menschenverstand nicht mehr aus und schaltet den Monitor ab.

Wenn man mich heute fragt, wie viele Kinder ich habe, sage ich denen, die mir vertraut sind, ich habe vier Kinder.

Bei entfernteren Bekannten sage ich drei, da ich nicht alle an meiner Geschichte teilhaben lassen möchte.

Ich bin stolz auf meine drei –lebenden- Kinder.

Sie haben sich alle gut entwickelt, haben die Schule und eine Ausbildung abgeschlossen und leben ihr Leben.

Persönliche Freundschaften haben sich nach dem Tod von Hannah vertieft oder haben keine tiefere Bedeutung mehr.

Der Besuch einer sich regelmäßig treffenden Selbsthilfegruppe von Eltern die ihr Kind verloren haben, wird zu einer unerträglichen Nähe zu dem Tod von anderen Kindern, die auf unterschiedliche Art verstorben sind.

Die tragischen Lebensgeschichten der anderen verwaisten Eltern sind für mich in diesem Moment so unendlich dicht und emotional so belastend, dass ich nicht mehr hingehen kann.

Mein verletztes Herz ist vor allem in diesem frühen Stadium zu stark belastet und gefährdet.

Ohne das Erlebte zu vergessen, will ich nach vorne schauen und mich nicht erneut in noch größerem Schmerz einschließen.

Es ist einfach nicht die Form meiner persönlichen Trauerarbeit.

Heute

Heute sind 30 Jahren vergangen.

Wie in jedem Leben gibt es freudige und schmerzhafte Ereignisse.

Ich denke oft an Bäume im Winter, die wie tot aussehen und in Wirklichkeit die Kraft für ein neues Frühjahr sammeln.

Mit großer Demut bin ich dankbar, dass ich an meinem persönlichen Schicksal nicht zerbrochen bin.

Nach vielen Jahren habe ich Hannahs Tod als Chance zum inneren Wachstum und zur persönlichen Reifung erkennen dürfen.

Viele auch kleine Dinge des Lebens werden bewusster und mit einer tieferen Freude wahrgenommen.

Die schmerzhafte und unerwartete Auseinander-setzung mit dem Tod hat mein Sein und mein Bewusst-sein im positiven Sinne verändert und mir eine andere Energie zum Weiterleben geschenkt.

Täglich spüre ich noch die Nähe zu Hannah genauso wie zu meinen lebenden Kindern.

Eben nur anders.

Vor kurzem fragte mich eine Teilnehmerin in einer von mir geleiteten Selbsthilfegruppe für trauernde Eltern, ob ich Hannah heute noch als Baby wahrnehme, wenn ich ihre Nähe spüre oder als jetzt erwachsene Hannah im Alter von dreißig Jahren.

Für mich ist sie groß und erwachsen geworden.

Auf einer Grabinschrift, die ich im bayerischen Wald auf dem Friedhof in dem Örtchen Lan gelesen habe, stand folgende Inschrift:

Du bist nicht tot, du tauschest nur die Räume.

Du lebst in uns und gehst durch unsere Träume.

Hannah ist auch noch da. Einfach „anders.“

Sie lebt heute in mir weiter und dafür bin ich dankbar.

Über den Autor

Norbert Nitsche verlor im Sommer 1988 seine Tochter Hannah mit sechs Monaten am plötzlichen Kindstod.

Die Geschichte „Ein Vater lebt. Weiter“ wurde bereits in einer Broschüre der **G**emeinsamen **E**lterninitiative **P**lötzlicher **S**äuglingstod mit dem Titel „Väter zwischen Trauer und Hoffnung“ in einer frühen Fassung veröffentlicht und ist auch dort weiterhin erhältlich.

Norbert Nitsche schrieb in seiner Not, das Unfassbare fassbarer zu machen, ebenfalls eine Geschichte für betroffene Geschwisterkinder.

Sie heißt „Marie lebt. Weiter."

Beim Schreiben der Geschichte wurde der Name von „Hannah" in „Marie" geändert, da nur mit Abstand die Gedanken und Gefühle an das Vorgefallene zu diesem damals frühen Zeitpunkt in schriftlicher Form ertragbar waren.

Die Illustrationen in diesem Buch stammen von seinen beiden Töchtern Corinna und Jessica, die zum Todeszeitpunkt von Hannah sieben und neun Jahre alt waren. Mit Hilfe dieser Geschichte konnten sich die beiden dem schmerzhaften Abschiednehmen von ihrer Schwester Hannah immer wieder vorsichtig annähern.

„Marie lebt. Weiter.“ wurde ebenfalls veröffentlicht und ist im Buchhandel und im Internet erhältlich unter der ISBN 9789463423991.

Das Thema Trauer hat Norbert Nitsche nicht losgelassen:

Im Jahr 2010 promovierte er mit einer Dissertation über die Trauerarbeit von Eltern und Geschwistern nach dem Tod von Kindern und interviewte in diesem Zusammenhang deutschlandweit 64 betroffene Eltern.

Heute engagiert sich der Autor bundesweit durch Vorträge an Hochschulen, in der Ausbildung von Kriseninterventionsteams, Kinderhospizen und in der Akutbegleitung.

Seit Jahren leitet er eine Selbsthilfegruppe für trauernde Eltern und ist sowohl Mitglied im Bundesverband Verwaister Eltern und trauernder Geschwister in Deutschland, als auch im Arbeitskreis trauender Eltern und Geschwister in Baden-Württemberg.

Norbert Nitsche wohnt in Süddeutschland und ist von Beruf Schulrat im Fachbereich Sonderpädagogik.

Er ist heute zum zweiten Mal verheiratet und hat mit seiner Frau Sabine zusammen fünf Kinder -plus Hannah- und fünf Enkelkinder

Sein Sohn Julian kam 14 Monate nach dem Tod von Hannah auf die Welt und ist heute 29 Jahre alt.

Vom gleichen Autor

Norbert Nitsche

In der Dunkelheit der Trauer

leuchten Lichter der Erinnerung

Ein Lesebuch für Eltern,

denen ein Kind gestorben ist

Erhältlich im Internet

und in allen Buchhandlungen

ISBN: 9789463679640

Weitere Informationen

finden Sie im Internet unter

http://osiander.bookmundo.de/norbertnitsche.

Gerne können Sie dort eine Nachricht hinterlassen.